인사말

- 최정금 소장 -
('EBS 60분 부모-스스로 공부하는 아이' 공동 저자)

심리학습클리닉 현장의 오랜 경험을 바탕으로 < 최정금 소장의 초등집중력 높이기 30일 1-6학년 1단계 >를 지난 해 출간하였습니다. 1단계에서는 <EBS 60분 부모>, <MBC 우리아이 뇌를 깨우는 101가지 비밀 시즌2>에서 소개했던 "모눈종이 따라 색칠하기" 에 "빠진 곳 찾아 스티커 붙이기" 활동을 덧붙였습니다. 2단계에서는 모눈종이 칸을 하나씩 변형하여 난이도를 높였고, 초등 자녀들이 한글을 즐겁게 익히고 다져 나갈 수 있도록 한글 조합 활동을 더하였습니다. 아이들의 집중력을 향상시키는 것을 돕기 위해 지난 15년 동안 현장에서 꾸준히 활용하여 그 효과가 검증된 활동을 더 많은 아이들이 가정이나 학교, 유치원, 어린이집, 상담센터 등 교육현장에서 할 수 있게 되어 참으로 기쁜 마음입니다. 화이팅!

최정금 소장은.. 현 최정금심리학습클리닉소장으로 EBS TV <60분 부모> 심리학습클리닉 전문가, EBS TV 다큐멘터리 <모성탐구 3부작> "엄마가 달라졌어요" 제 2부 - "엄마 바꾸기" 자문위원, KBS 수요기획 <10분의 기적> 학습클리닉 전문가로 활동하였고, 2013년 10월 현재 MBC 우리 아이 뇌를 깨우는 101가지 비밀 시즌2 '뇌깨비야 놀자' 자문위원으로 활동하고 있습니다.
저서로는 <EBS 60분 부모- 스스로 공부하는 아이, 2007>, <엄마와 함께 하는 학습놀이, 2008>, < 집중력을 높이는 유아놀이, 2009>, <자기주도 학습 ,2012> 1,2,3권 시리즈 등이 있습니다.

<최정금 소장의 초등집중력 높이기 30일> 구성 (초등1~6학년 2단계)

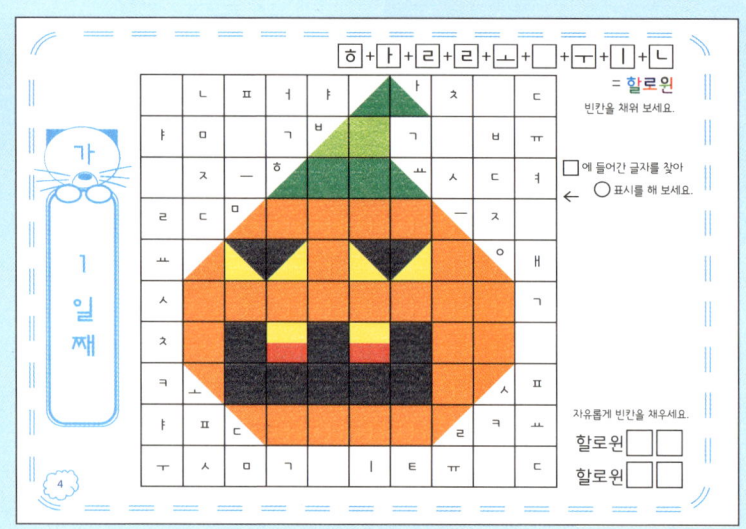

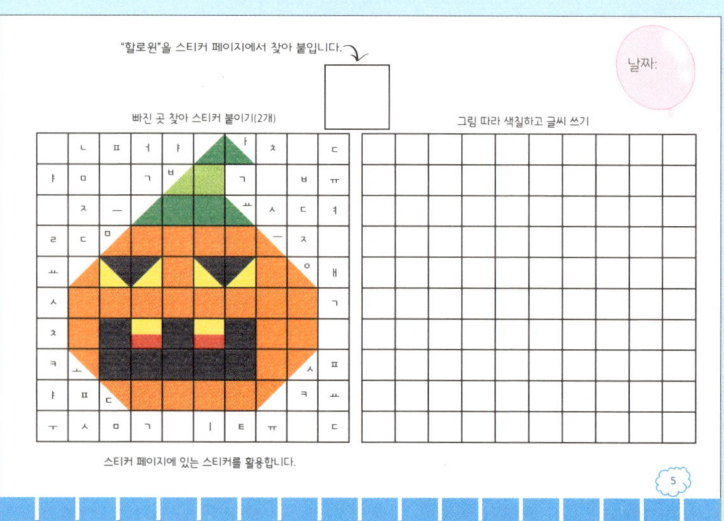

1. 빈칸을 채우고, □에 들어간 글자들을 찾아 ○표시를 해보세요.

   ㅎ+ㅏ+ㄹ+ㄹ+ㅗ+ㅇ+ㅜ+ㅣ+ㄴ

   *p.63-p.64에 답지가 있습니다.

2. 자유롭게 빈칸을 채워보세요.

   할로윈 호 박
   할로윈 파 티

   (가)단계: 자유롭게 쓰기 2회
   (나)단계: 자유롭게 쓰기 3회
   (다)단계: 자유롭게 쓰기 4회

3. 해당 글자 찾아 스티커 붙이기/ 빠진 곳 찾아 스티커 붙이기/그림 따라 색칠하고 글씨 쓰기
   - 해당 글자 찾아 스티커 붙이기   *워크북 맨 뒤에 스티커가 있습니다.
   - 원본과 비교하여 빠진 곳에 해당 스티커 찾아 붙이기
     (가)단계: 2개, (나)단계: 3개, (다)단계: 4개
   - 원본과 똑같이 색칠하고 글씨 쓰기

4. 색깔 바꿔 그림 완성하기
   - 제시된 지침에 따라 색깔을 바꾸어 그림을 완성
   예)주황색→초록색, 보라색→파란색

   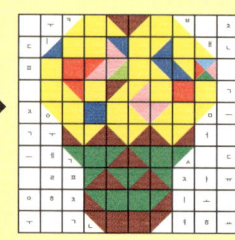

   *p.63-p.64에 답지가 있습니다.

가

하루에 1개씩

활동을 마친 후 별표에 색칠해 보세요.
모든 별표에 색칠이 되면 <나>단계로 넘어갑니다.

1일째	2일째	3일째	4일째	5일째
☆	☆	☆	☆	☆
6일째	7일째	8일째	9일째	10일째
☆	☆	☆	☆	☆

"할로윈"을 스티커 페이지에서 찾아 붙입니다.

날짜:

빠진 곳 찾아 스티커 붙이기(2개)

그림 따라 색칠하고 글씨 쓰기

ㄴ	ㅍ	ㅓ	ㅑ		ㅏ	ㅊ		ㄷ
ㅑ	ㅁ		ㄱ	ㅂ		ㄱ		ㅂ	ㅠ
	ㅈ	ㅡ				ㅛ	ㅅ	ㄷ	ㅕ
ㄹ	ㄷ	ㅁ					ㅡ	ㅈ	
ㅛ								ㅇ	
							|ㅐ|
ㅅ								ㄱ	
ㅊ|								
ㅋ								ㅅ	ㅍ
	ㅗ							ㅋ	ㅛ
ㅑ	ㅍ	ㄷ						ㅋ	ㅛ
ㅜ	ㅅ	ㅇ	ㅁ	ㄱ		ㅣ	ㅌ	ㅠ	ㄷ

스티커 페이지에 있는 스티커를 활용합니다.

5

ㅎ+ㅔ+ㄹ+ㄹ+ㅣ+☐+ㅗ+ㅂ+ㅌ+ㅓ

= **헬리콥터**

빈칸을 채워 보세요.

ㄱ	ㅛ	ㅇ	ㄴ	ㄷ	ㅗ	ㅐ	ㅍ
							ㄹ	ㅏ
ㅡ		ㅋ		ㅈ	ㄱ	ㅔ	ㅛ	ㄷ
ㅊ	ㄷ				ㅇ	ㅈ	ㅅ	ㅌ	ㅇ
ㅠ						ㅍ		ㄷ	ㅐ
ㅅ						ㅁ	ㄴ	ㅊ
						ㅊ	ㅣ		ㅁ
									ㅂ
ㄷ	ㅓ	ㅇ	ㅈ	ㄱ		ㄴ	ㅁ	ㅡ	ㅠ
ㅁ		ㅎ	ㅏ	ㅍ	ㄹ	ㅐ	ㅅ		ㅊ

☐ 에 들어간 글자를 찾아 ◯ 표시를 해 보세요.

자유롭게 빈칸을 채우세요.

☐☐ 헬리콥터

☐☐ 헬리콥터

가 2일째

"헬리콥터"를 스티커 페이지에서 찾아 붙입니다.

날짜:

빠진 곳 찾아 스티커 붙이기(2개)

그림 따라 색칠하고 글씨 쓰기

스티커 페이지에 있는 스티커를 활용합니다.

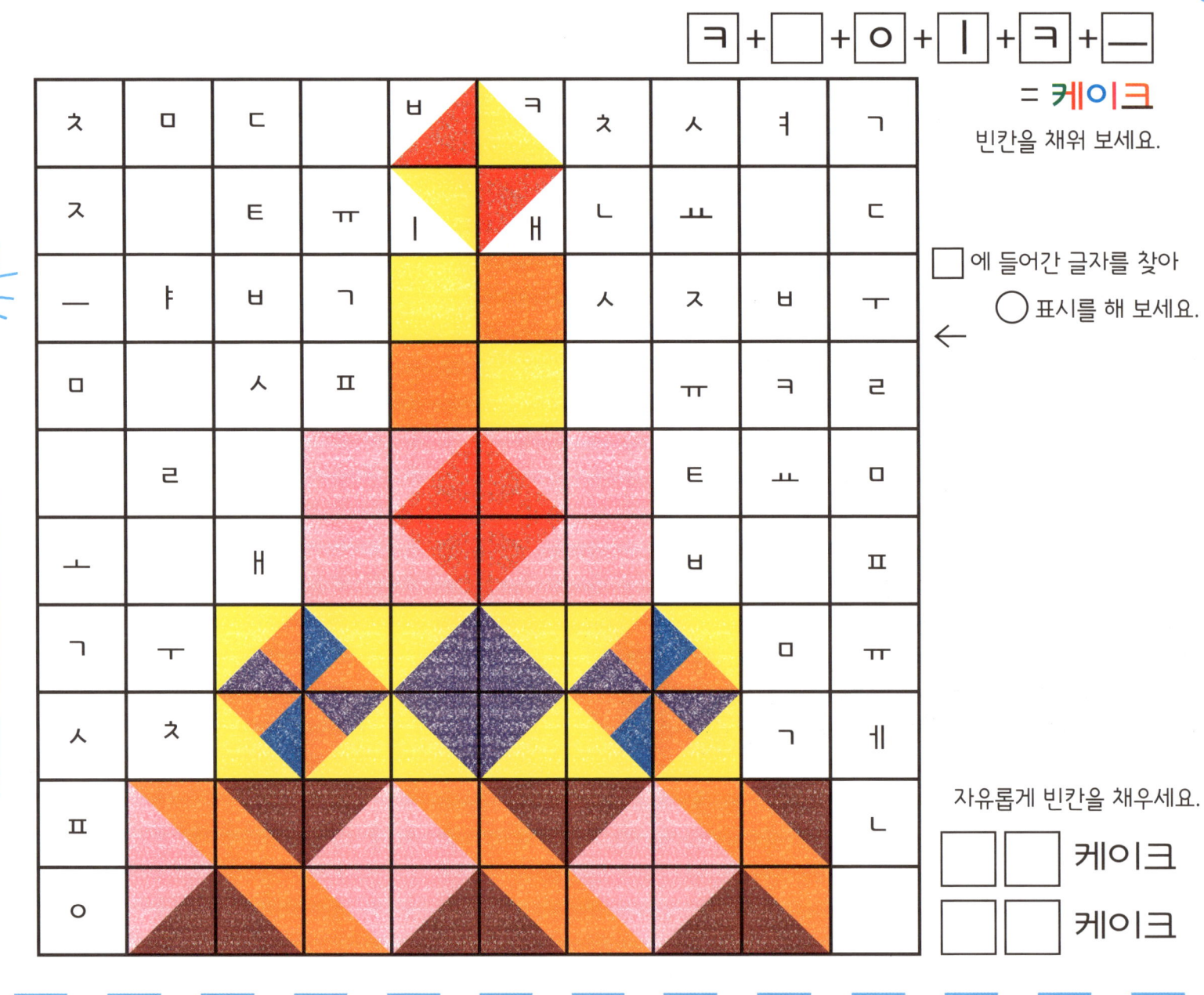

"케이크"를 스티커 페이지에서 찾아 붙입니다.

날짜:

빠진 곳 찾아 스티커 붙이기(2개)

그림 따라 색칠하고 글씨 쓰기

ㅊ	ㅁ	ㄷ				ㅊ	ㅅ	ㅕ	ㄱ
ㅈ		ㅌ	ㅠ	ㅣ	ㅐ	ㄴ	ㅛ		ㄷ
ㅡ	ㅑ	ㅂ	ㄱ			ㅅ	ㅈ	ㅂ	ㅜ
ㅁ		ㅅ	ㅍ			ㅠ	ㅋ	ㄹ	
	ㄹ						ㅌ	ㅛ	ㅁ
ㅗ		ㅐ					ㅂ		ㅍ
ㄱ	ㅜ							ㅁ	ㅠ
ㅅ	ㅊ							ㄱ	
ㅍ								ㄴ	
ㅇ									

스티커 페이지에 있는 스티커를 활용합니다.

9

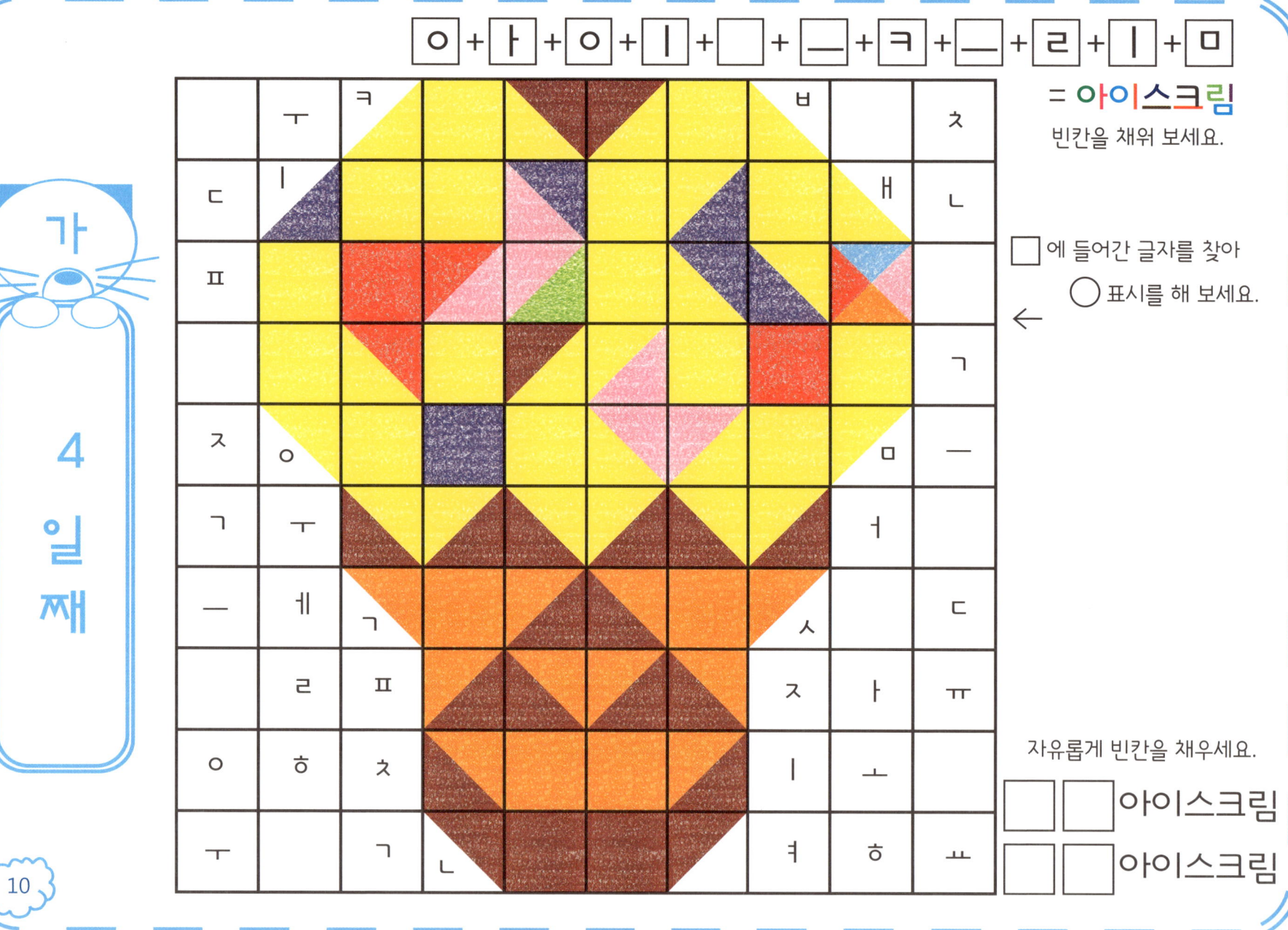

"아이스크림"을 스티커 페이지에서 찾아 붙입니다.

날짜:

빠진 곳 찾아 스티커 붙이기(2개)

그림 따라 색칠하고 글씨 쓰기

스티커 페이지에 있는 스티커를 활용합니다.

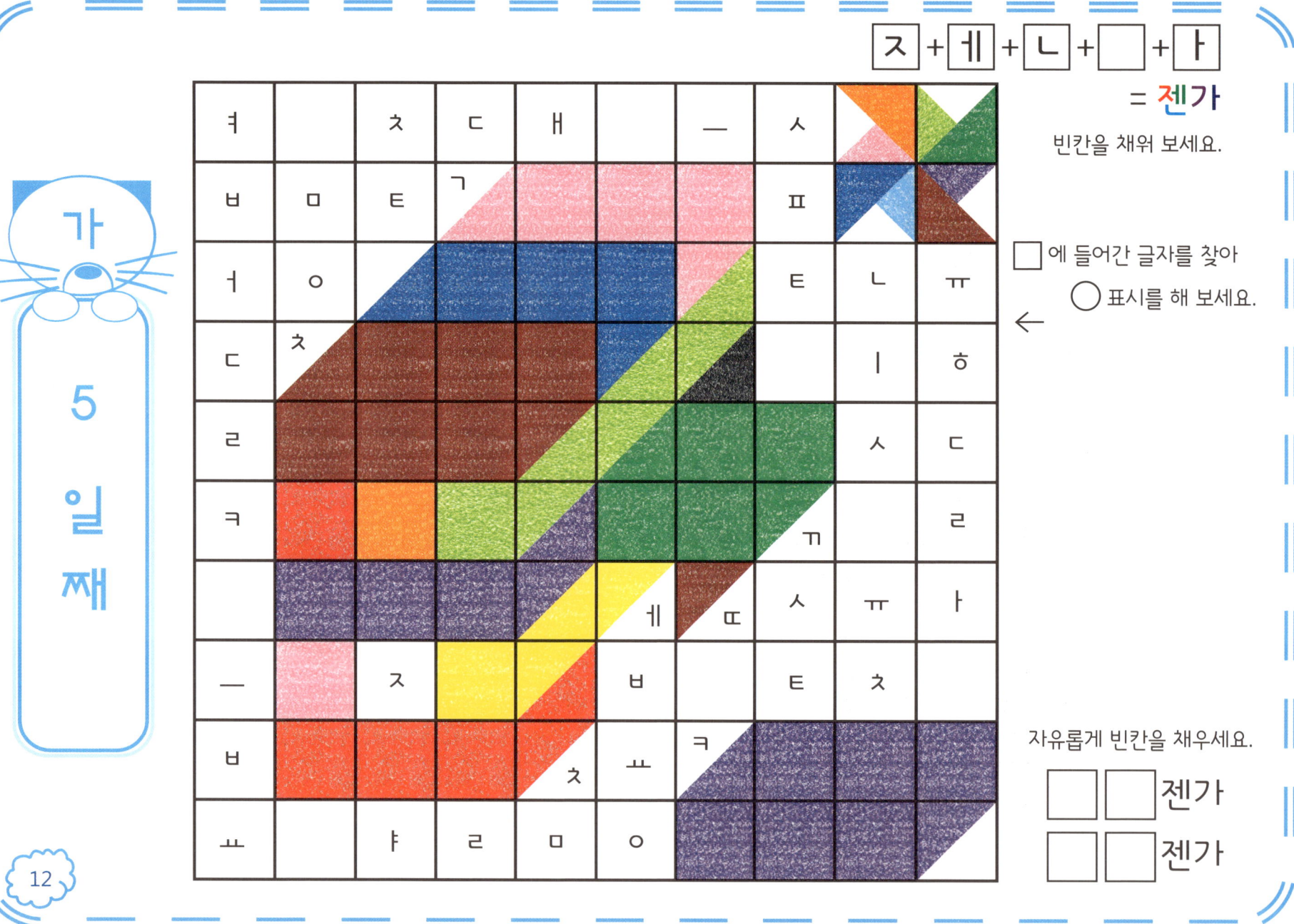

"젠가"를 스티커 페이지에서 찾아 붙입니다.

날짜:

빠진 곳 찾아 스티커 붙이기(2개)

그림 따라 색칠하고 글씨 쓰기

ㅓ	ㅊ	ㄷ	ㅐ		ㅡ	ㅅ		
ㅂ	ㅁ	ㅌ				ㅍ		
ㅓ	ㅇ					ㅌ	ㄴ	ㅠ
ㄷ	ㅊ					ㅣ	ㅎ	
ㄹ						ㅅ	ㄷ	
ㅋ						ㄲ	ㄹ	
						ㄸ	ㅅ	ㅠ	ㅏ
ㅡ		ㅈ			ㅂ		ㅌ	ㅊ
ㅂ				ㅊ	ㅋ			
ㅛ		ㅑ	ㄹ	ㅁ	ㅇ			

스티커 페이지에 있는 스티커를 활용합니다.

ㅅ+ㅡ+ㄴ+ㅗ+☐+ㅗ+ㄷ+ㅡ
= 스노보드

빈칸을 채워 보세요.

☐ 에 들어간 글자를 찾아 ◯ 표시를 해 보세요.

가 6일째

자유롭게 빈칸을 채우세요.

☐☐ 스노보드
☐☐ 스노보드

14

"스노보드"를 스티커 페이지에서 찾아 붙입니다.

날짜:

빠진 곳 찾아 스티커 붙이기(2개)

그림 따라 색칠하고 글씨 쓰기

스티커 페이지에 있는 스티커를 활용합니다.

15

"달맞이꽃"을 스티커 페이지에서 찾아 붙입니다.

날짜:

빠진 곳 찾아 스티커 붙이기(2개)

그림 따라 색칠하고 글씨 쓰기

스티커 페이지에 있는 스티커를 활용합니다.

ㅅ+ㅏ+ㄱ+ㅏ+ㄱ+ㅇ+☐+ㄴ

= 사각연

빈칸을 채워 보세요.

☐ 에 들어간 글자를 찾아 ◯ 표시를 해 보세요. ←

자유롭게 빈칸을 채우세요.

☐☐ 사각연

☐☐ 사각연

가 8일째

"사각연"을 스티커 페이지에서 찾아 붙입니다.

날짜:

빠진 곳 찾아 스티커 붙이기(2개)

그림 따라 색칠하고 글씨 쓰기

스티커 페이지에 있는 스티커를 활용합니다.

색깔 바꿔 그림 완성하기
(주황색→초록색/보라색→파란색)

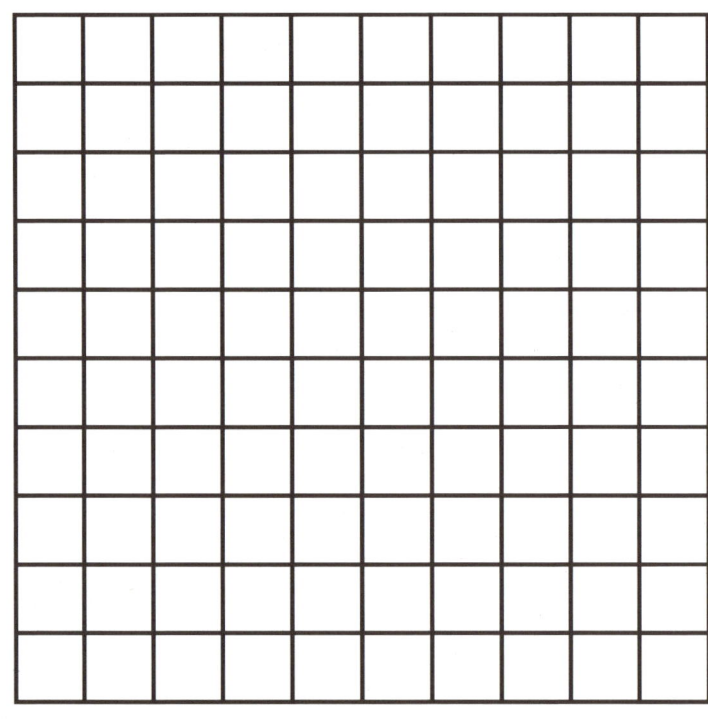

색깔 바꿔 그림 완성하기
(빨간색→보라색/파란색→검정색)

<가>단계 별이 모두 채워졌나요? <나>단계로 넘어가 보아요~

나

하루에 1개씩

활동을 마친 후 별표에 색칠해 보세요.
모든 별표에 색칠이 되면 <다>단계로 넘어갑니다.

11일째	12일째	13일째	14일째	15일째
☆	☆	☆	☆	☆
16일째	17일째	18일째	19일째	20일째
☆	☆	☆	☆	☆

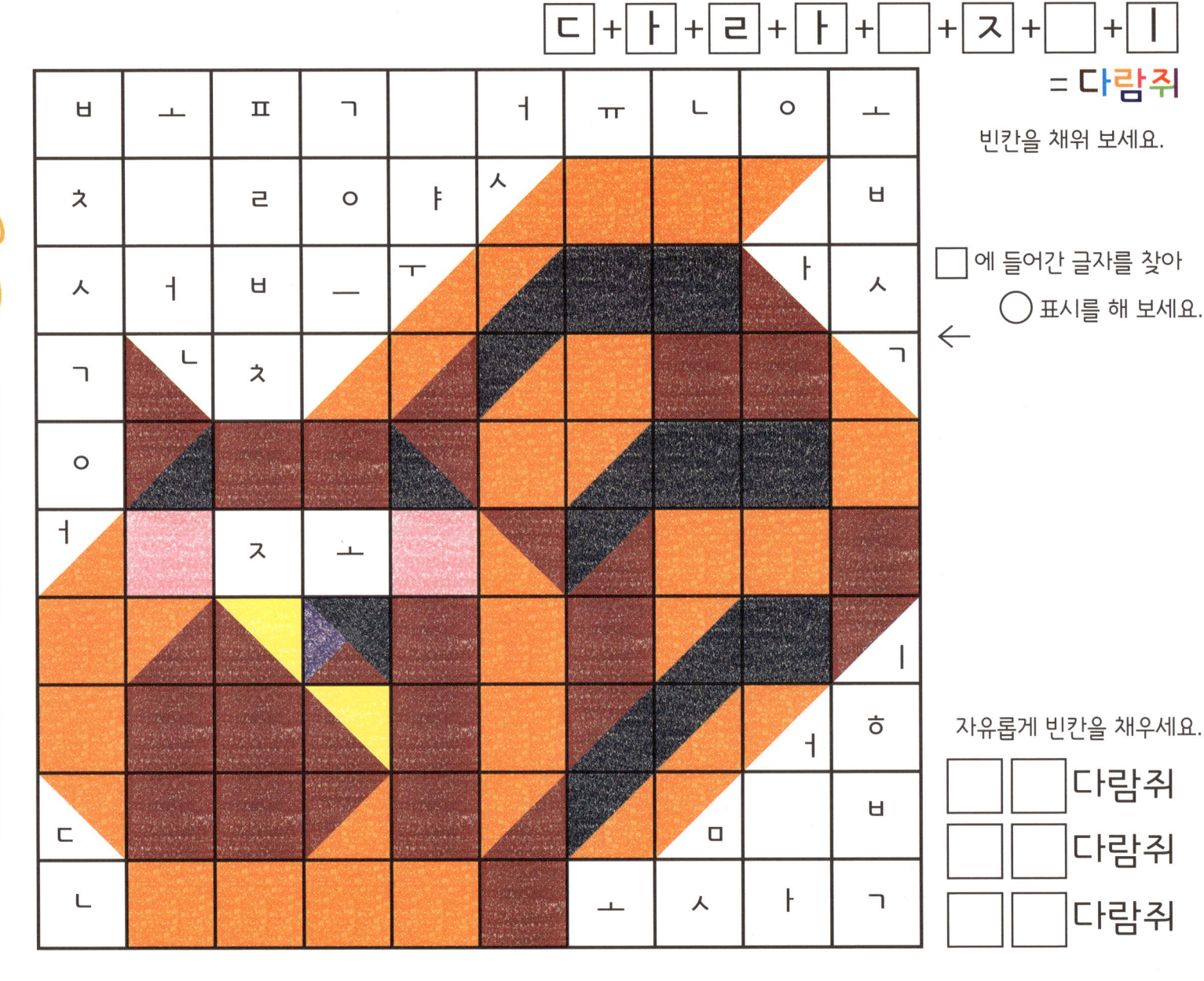

"다람쥐"를 스티커 페이지에서 찾아 붙입니다.

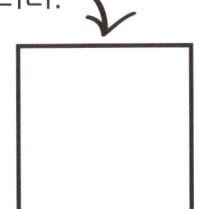

빠진 곳 찾아 스티커 붙이기(3개)

그림 따라 색칠하고 글씨 쓰기

날짜:

스티커 페이지에 있는 스티커를 활용합니다.

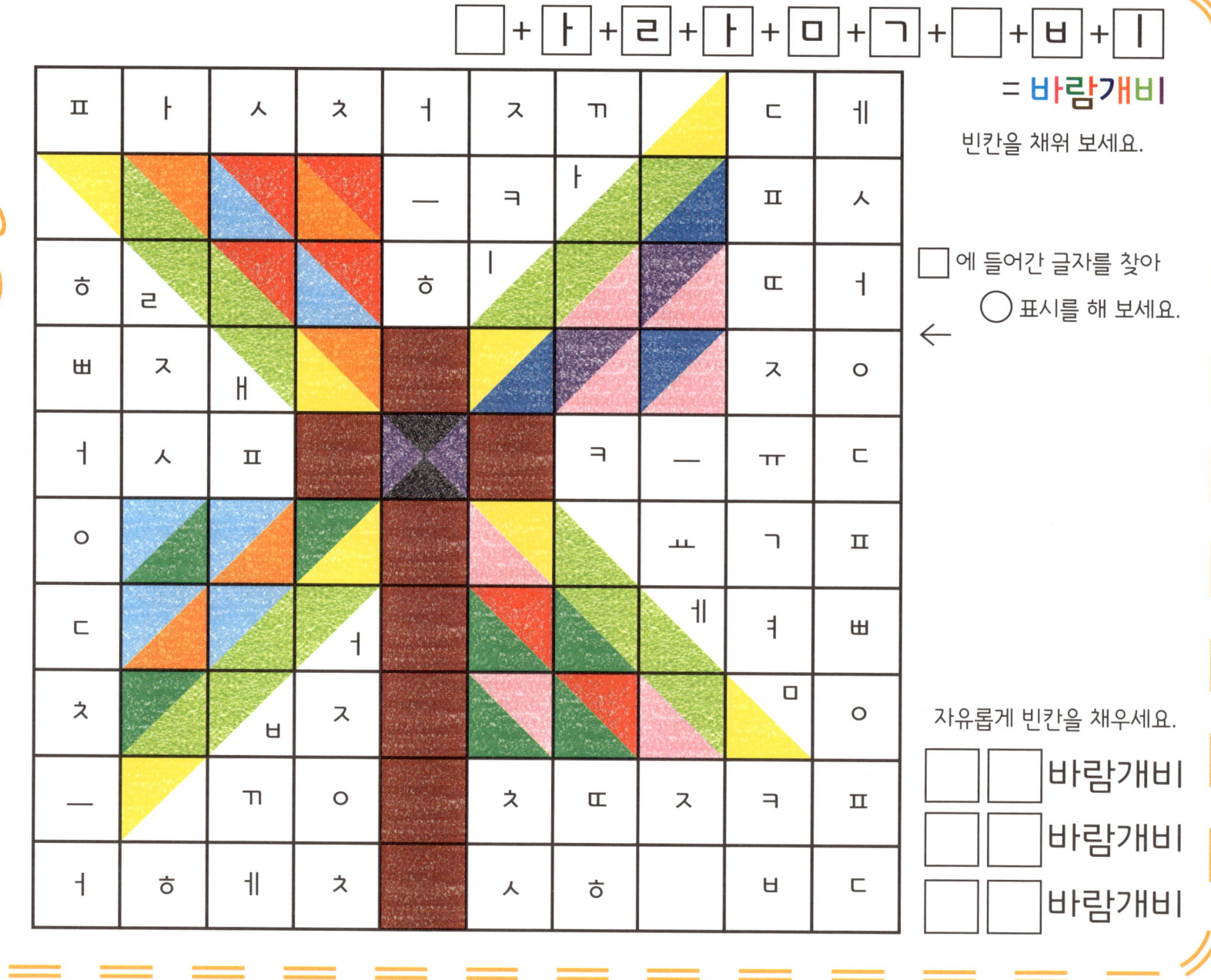

"바람개비"를 스티커 페이지에서 찾아 붙입니다.

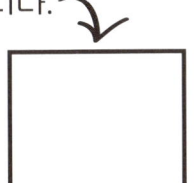

날짜:

빠진 곳 찾아 스티커 붙이기(3개)

그림 따라 색칠하고 글씨 쓰기

스티커 페이지에 있는 스티커를 활용합니다.

"회전목마"를 스티커 페이지에서 찾아 붙입니다.

빠진 곳 찾아 스티커 붙이기(3개)

그림 따라 색칠하고 글씨 쓰기

날짜:

스티커 페이지에 있는 스티커를 활용합니다.

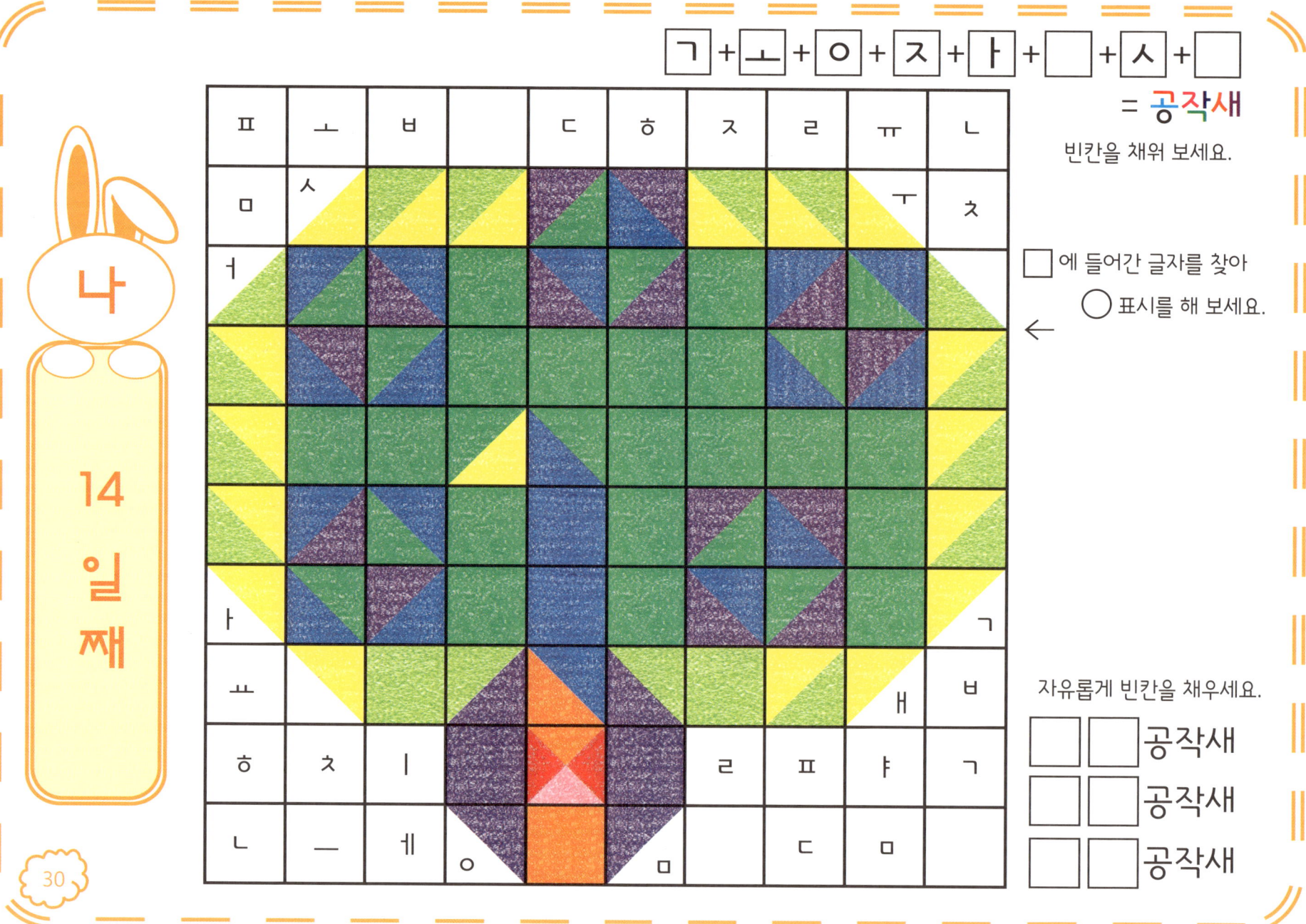

"공작새"를 스티커 페이지에서 찾아 붙입니다.

빠진 곳 찾아 스티커 붙이기(3개)

그림 따라 색칠하고 글씨 쓰기

날짜:

스티커 페이지에 있는 스티커를 활용합니다.

ㅅ+ㅐ+ㄱ+ㅇ+□+ㄴ+□+ㅣ+ㄹ = 색연필

빈칸을 채워 보세요.

□에 들어간 글자를 찾아 ◯ 표시를 해 보세요.

자유롭게 빈칸을 채우세요.

□□ 색연필
□□ 색연필
□□ 색연필

나 15일째

ㅁ	ㄲ	ㅓ	ㅎ	ㄷ	ㅑ	ㅌ	ㅁ	ㅊ	ㅛ	ㅑ	ㅔ
ㅈ	ㅔ	ㅂ		ㅍ	ㅂ	ㅅ	ㅓ	ㅋ	ㄷ	ㅅ	
ㅡ	ㅎ	ㅑ	ㅂ	ㄲ	ㅑ		ㅡ		ㄸ	ㄷ	
ㅋ	ㄷ		ㅊ	ㅌ	ㅓ	ㅎ	ㅌ	ㄹ			
ㅃ	ㅇ		ㅔ	ㅁ	ㅃ	ㅑ	ㅂ				
ㅏ				ㄷ	ㅡ	ㅕ					
ㅊ				ㄲ							
				ㅑ							ㅑ
				ㅅ						ㅂ	
ㅁ									ㄴ	ㅌ	ㄷ
ㅑ				ㅋ					ㅁ	ㅓ	ㅊ
ㅎ		ㅈ			ㅃ	ㅡ	ㄸ	ㅈ	ㄲ	ㅋ	ㅛ
ㅂ	ㅓ	ㄷ	ㅈ	ㅡ	ㅋ	ㅊ	ㅎ	ㅣ	ㅑ	ㅔ	ㄷ

"색연필"을 스티커 페이지에서 찾아 붙입니다.

날짜:

빠진 곳 찾아 스티커 붙이기(3개)

그림 따라 색칠하고 글씨 쓰기

ㅁ	ㄲ	ㅓ	ㅎ	ㄷ	ㅑ	ㅌ	ㅁ	ㅊ	ㅛ	ㅑ	ㅖ
ㅈ	ㅖ	ㅂ		ㅍ	ㅂ	ㅈ	ㅓ	ㅋ	ㄷ	ㅅ	
ㅡ	ㅎ	ㅑ	ㅂ	ㄲ	ㅑ		ㅡ	ㄸ	ㄷ		
ㅋ	ㄷ		ㅊ	ㅌ	ㅓ	ㅎ	ㅌ	ㄹ			
ㅃ	ㅇ		ㅖ	ㅁ	ㅃ	ㅑ	ㅂ				
ㅛ				ㄷ	ㅡ	ㅕ					
ㅊ				ㄲ	ㅋ						
			ㅑ							ㅑ	
ㅁ			ㅈ					ㄴ	ㅌ	ㄷ	
ㅑ			ㅋ					ㅁ	ㅓ	ㅊ	
ㅎ	ㅈ		ㅐ	ㅃ	ㅡ	ㄸ	ㅈ	ㄲ	ㅋ		
ㅂ	ㅓ	ㄷ	ㅈ	ㅡ	ㅋ	ㅊ	ㅎ	ㅣ	ㅑ	ㅖ	ㄷ

스티커 페이지에 있는 스티커를 활용합니다.

33

16일째

ㅎ+ㅗ+ㅏ+ㅇ+ㅅ+ㅗ = 황소

빈칸을 채워 보세요.

□에 들어간 글자를 찾아 ○표시를 해 보세요.

자유롭게 빈칸을 채우세요.

□□ 황소
□□ 황소
□□ 황소

ㅊ		ㄱ	ㄹ	ㅓ	ㅁ	ㄴ	ㅂ	ㄱ	ㅍ	ㅜ	ㅆ
ㅅ		ㄴ	ㅂ	ㄸ	ㅜ		ㅎ	ㅋ	ㅍ	ㅕ	ㄷ
ㅜ		ㄷ	ㅓ	ㅇ	ㅈ	ㅆ	ㅋ	ㄹ	ㅈ	ㅑ	ㅁ
ㅁ	ㅠ		ㅊ	ㅂ					ㅗ	ㅜ	ㅠ
ㅑ											ㅓ
ㅊ		ㅠ									ㄴ
	ㅏ	ㄴ									ㅂ
ㅓ	ㄹ	ㅠ							ㅊ	ㅜ	ㄱ
ㅁ	ㄷ									ㅋ	ㄹ
ㄱ	ㅕ		ㅊ						ㅓ	ㅍ	ㅗ
ㅜ	ㅂ	ㅋ	ㅗ					ㅋ	ㄷ		ㅊ
ㅈ	ㅊ	ㄹ	ㄴ	ㄷ		ㅆ	ㄸ	ㅁ	ㅕ	ㄱ	ㅋ

"황소"를 스티커 페이지에서 찾아 붙입니다.

빠진 곳 찾아 스티커 붙이기(3개)

그림 따라 색칠하고 글씨 쓰기

날짜:

스티커 페이지에 있는 스티커를 활용합니다.

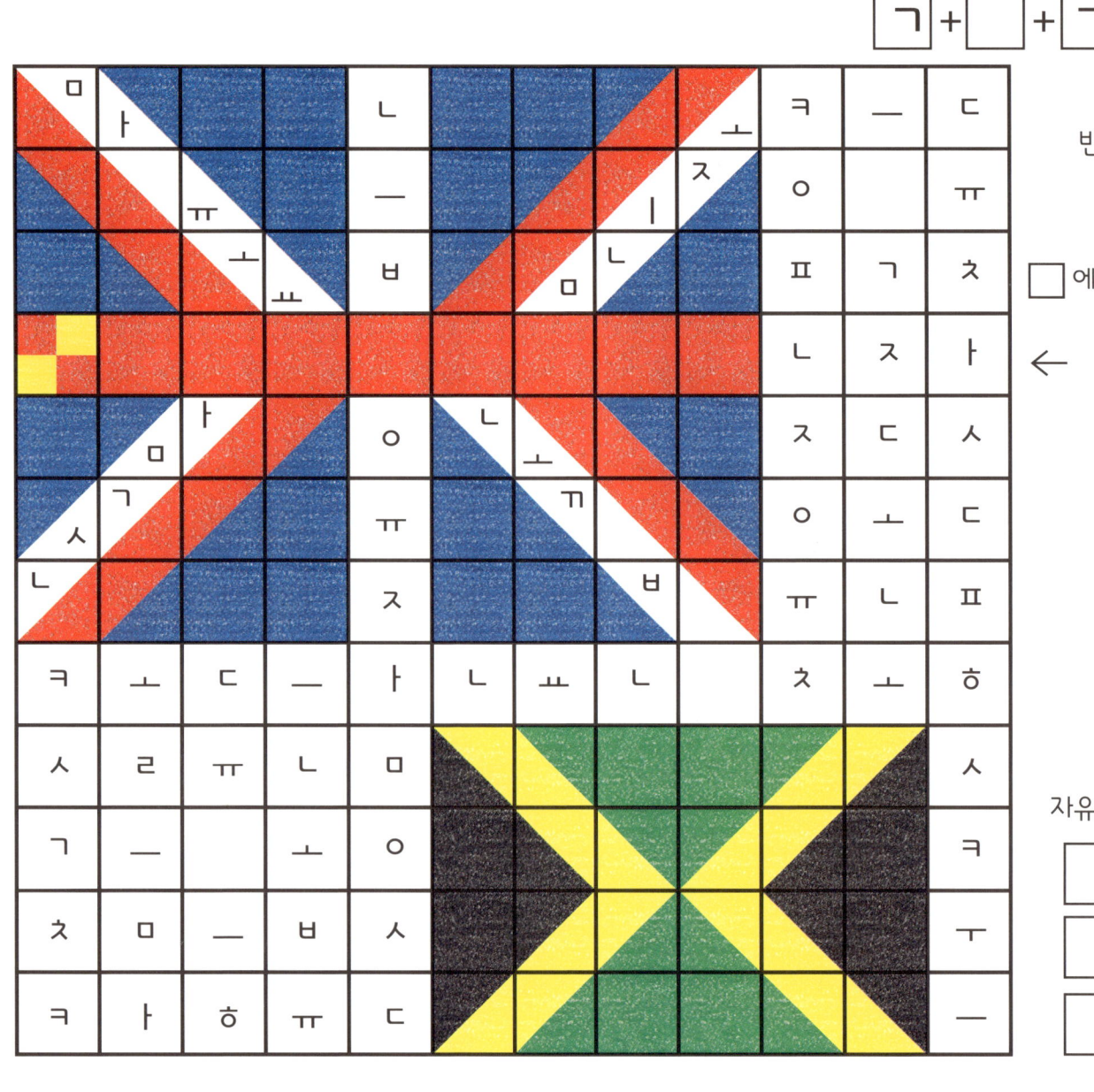

"국기"를 스티커 페이지에서 찾아 붙입니다.

빠진 곳 찾아 스티커 붙이기(3개)　　　　　　　　　　　그림 따라 색칠하고 글씨 쓰기

	ㅏ			ㄴ				ㅋ	ㅡ	ㄷ
		ㅠ		ㅡ		ㅣ	ㅈ		ㅇ	ㅠ
			ㅗ		ㅂ		ㄴ	ㅍ	ㄱ	ㅊ
								ㄴ	ㅈ	ㅏ
			ㅏ			ㄴ			ㅈ	ㄷ
	ㅁ					ㅠ			ㅇ	ㅗ
	ㄴ					ㅈ	ㅂ		ㅠ	ㄴ	ㅍ
ㅋ	ㅡ	ㄷ	ㅏ		ㄴ	ㅛ	ㄴ		ㅊ	ㅗ	ㅎ
ㅅ	ㄹ	ㅠ	ㄴ	ㅁ							ㅅ
ㄱ	ㅡ		ㅗ	ㅇ							ㅋ
ㅊ	ㅁ	ㅡ	ㅂ	ㅅ							ㅜ
ㅋ	ㅏ	ㅎ	ㅠ	ㄷ							ㅡ

스티커 페이지에 있는 스티커를 활용합니다.

날짜:

ㅇ+ㅕ+☐+ㄱ+☐+ㄱ+ㅜ

= 열기구

빈칸을 채워 보세요.

☐ 에 들어간 글자를 찾아 ○ 표시를 해 보세요.

자유롭게 빈칸을 채우세요.

☐☐ 열기구
☐☐ 열기구
☐☐ 열기구

18 일째

ㅋ	ㅑ	ㅁ	ㅊ	ㅗ	ㅍ	ㄹ	ㅈ	ㅋ	ㅔ	ㅍ	ㄱ
ㅔ	ㅅ	ㅣ							ㅗ	ㅁ	ㅠ
ㅍ										ㅂ	ㅎ
ㅋ										ㅅ	ㅈ
ㅠ										ㅋ	ㅡ
ㅈ										ㅎ	ㅔ
ㅋ										ㅑ	ㅊ
ㅊ	ㅏ								ㅈ		ㅅ
ㅁ	ㄱ		ㅔ ㅅ		ㅁ	ㅕ		ㅎ	ㅏ	ㅈ	ㄷ
ㅗ	ㅋ	ㅎ	ㅊ	ㅜ		ㅏ	ㅠ		ㅍ	ㅅ	ㅊ ㅎ
ㅍ		ㅍ								ㅂ	ㅇ
ㅑ	ㅎ	ㅈ							ㅂ	ㅔ	ㅈ ㅍ

"열기구"를 스티커 페이지에서 찾아 붙입니다.

날짜:

빠진 곳 찾아 스티커 붙이기(3개)

그림 따라 색칠하고 글씨 쓰기

스티커 페이지에 있는 스티커를 활용합니다.

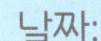

색깔 바꿔 그림 완성하기
(연두색→보라색/빨간색→파란색)

색깔 바꿔 그림 완성하기
(주황색→연두색/분홍색→하늘색)

<나>단계 별이 모두 채워졌나요? <다>단계로 넘어가 보아요~

다

하루에 1개씩

활동을 마친 후 별표에 색칠해 보세요.
모든 별표에 색칠이 되면 3단계로 넘어갑니다.

21일째	22일째	23일째	24일째	25일째
☆	☆	☆	☆	☆
26일째	27일째	28일째	29일째	30일째
☆	☆	☆	☆	☆

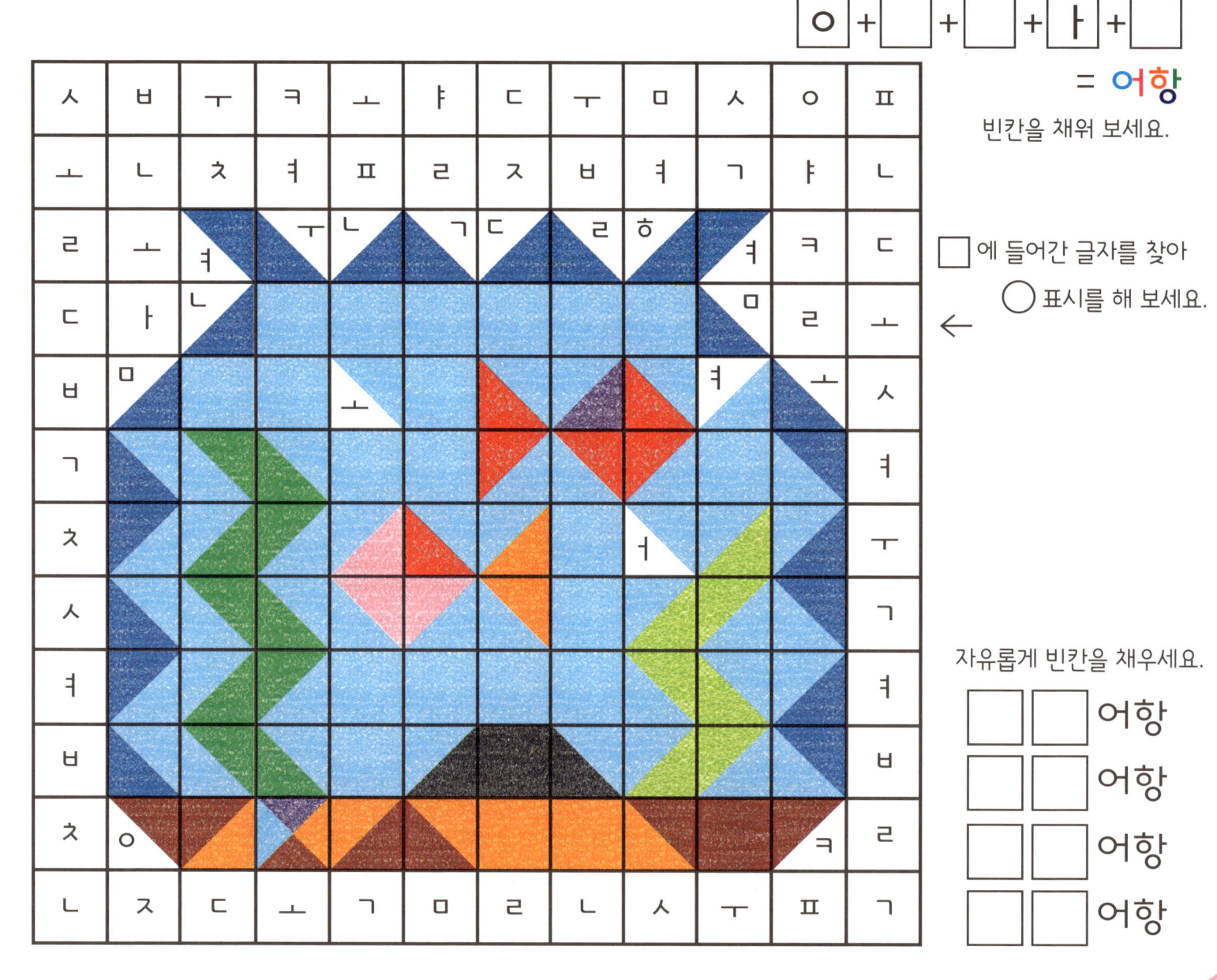

"어항"을 스티커 페이지에서 찾아 붙입니다.

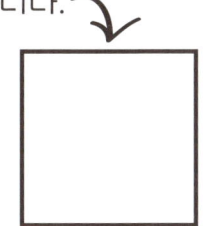

빠진 곳 찾아 스티커 붙이기(4개)

그림 따라 색칠하고 글씨 쓰기

날짜:

스티커 페이지에 있는 스티커를 활용합니다.

□+ㅐ+ㄱ+□+ㄱ+□+ㅣ = 태극기

빈칸을 채워 보세요.

□에 들어간 글자를 찾아 ◯표시를 해 보세요.

자유롭게 빈칸을 채우세요.

□□ 태극기
□□ 태극기
□□ 태극기
□□ 태극기

"태극기"를 스티커 페이지에서 찾아 붙입니다.

빠진 곳 찾아 스티커 붙이기(4개)

그림 따라 색칠하고 글씨 쓰기

날짜:

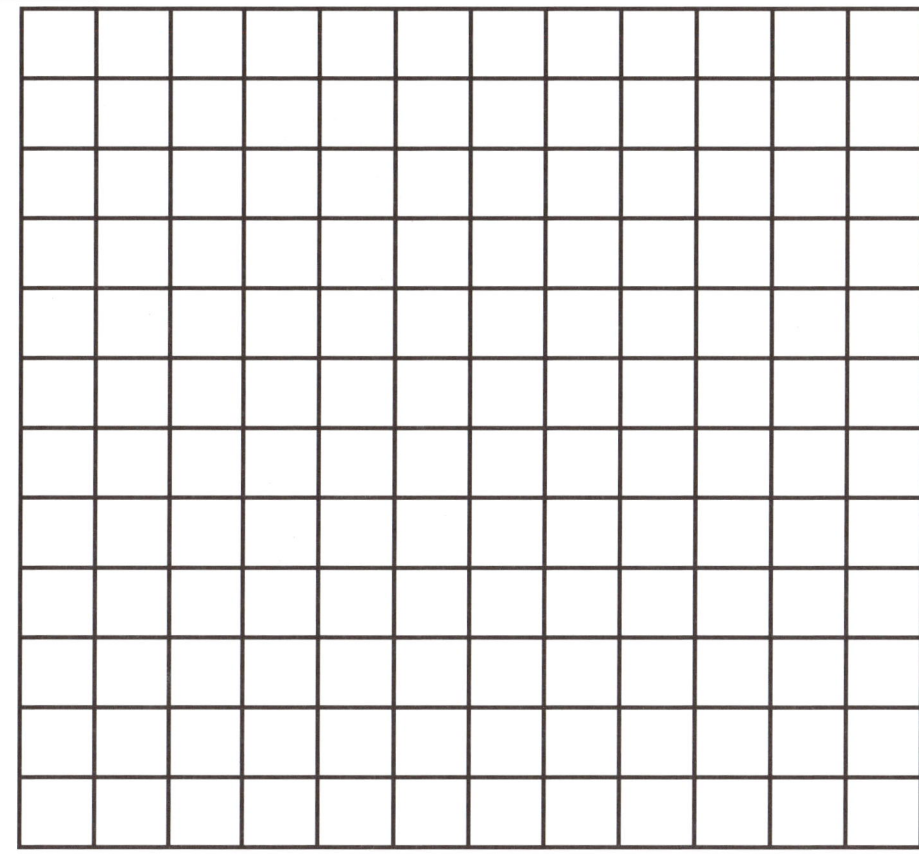

스티커 페이지에 있는 스티커를 활용합니다.

ㅇ+□+ㅁㅈ+ㅏ+□+ㅣ+□+ㅛ

= 음자리표

빈칸을 채워 보세요.

□에 들어간 글자를 찾아 ◯ 표시를 해 보세요.

자유롭게 빈칸을 채우세요.

□□ 음자리표
□□ 음자리표
□□ 음자리표
□□ 음자리표

다 23일째

"음자리표"를 스티커 페이지에서 찾아 붙입니다.

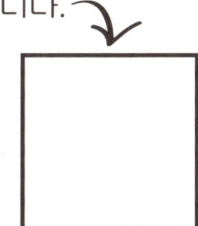

날짜:

빠진 곳 찾아 스티커 붙이기(4개) 그림 따라 색칠하고 글씨 쓰기

ㅑ	ㅎ	ㅅ	ㅓ	ㄷ	ㅑ	ㅋ	ㅠ	ㅎ	ㅊ	ㄱ	ㅕ
ㅊ	ㅛ	ㅠ	ㅂ	ㄲ	ㄱ	ㅎ	ㄱ	ㅊ			ㄴ
ㅂ	ㅋ	ㅊ	ㅅ	ㅎ	ㅑ	ㅋ	ㄷ	ㅍ		ㄷ	ㄱ
ㅠ	ㄴ								ㅠ	ㅎ	ㅕ
ㅓ	ㅂ		ㄴ	ㅓ	ㄴ	ㅎ		ㄱ	ㅑ	ㅎ	ㅂ
ㅎ	ㅅ		ㅂ				ㅊ	ㅓ	ㄴ	ㅠ	ㄷ
ㄹ	ㅋ		ㅑ			ㄷ	ㅊ	ㅂ	ㄱ	ㅊ	ㅓ
ㄷ	ㅊ		ㅅ		ㅋ	ㅎ	ㅂ	ㅎ	ㅈ	ㄷ	ㅑ
ㅕ	ㄱ			ㅠ	ㅣ			ㅋ	ㄴ	ㅕ	ㄷ
ㅂ			ㄴ	ㅎ				ㅎ	ㅊ	ㅅ	ㅎ	ㅊ
ㅅ	ㅁ	ㄷ	ㅊ	ㅋ	ㄱ	ㅑ	ㅊ	ㅋ	ㅇ	ㄷ	ㄱ
ㅊ	ㄴ	ㅓ	ㅂ	ㅅ	ㅠ	ㅅ	ㄲ	ㅂ	ㄴ	ㅓ	ㅋ

스티커 페이지에 있는 스티커를 활용합니다.

☐ + ㅗ + ☐ + ☐ = 소녀

빈칸을 채워 보세요.

☐에 들어간 글자를 찾아 ◯ 표시를 해 보세요. ←

자유롭게 빈칸을 채우세요.

 소녀

 소녀

 소녀

 소녀

다 24일째

"소녀"를 스티커 페이지에서 찾아 붙입니다.

날짜:

빠진 곳 찾아 스티커 붙이기(4개)

그림 따라 색칠하고 글씨 쓰기

스티커 페이지에 있는 스티커를 활용합니다.

ㄴ+□+ㄴ+ㄱ+□+ㄹ+□+ㅓ+ㅇ = 눈결정

빈칸을 채워 보세요.

□에 들어간 글자를 찾아 ○표시를 해 보세요.

자유롭게 빈칸을 채우세요.

□□ 눈결정
□□ 눈결정
□□ 눈결정
□□ 눈결정

다 25일째

"눈결정"을 스티커 페이지에서 찾아 붙입니다.

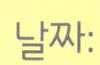

날짜:

빠진 곳 찾아 스티커 붙이기(4개)

그림 따라 색칠하고 글씨 쓰기

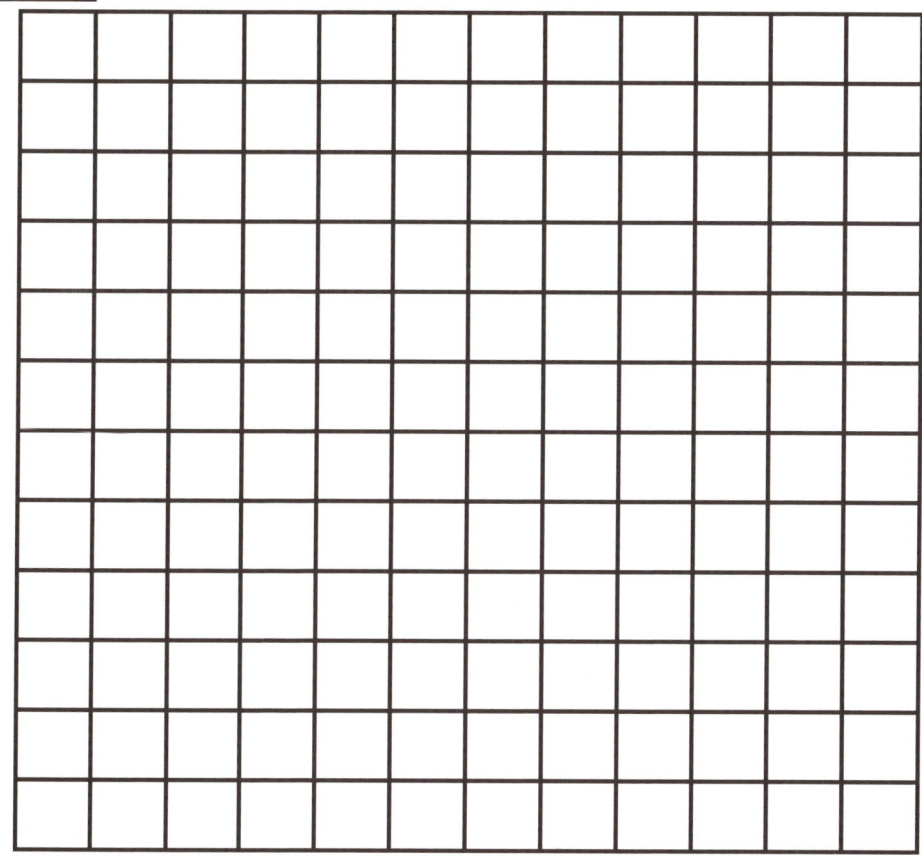

스티커 페이지에 있는 스티커를 활용합니다.

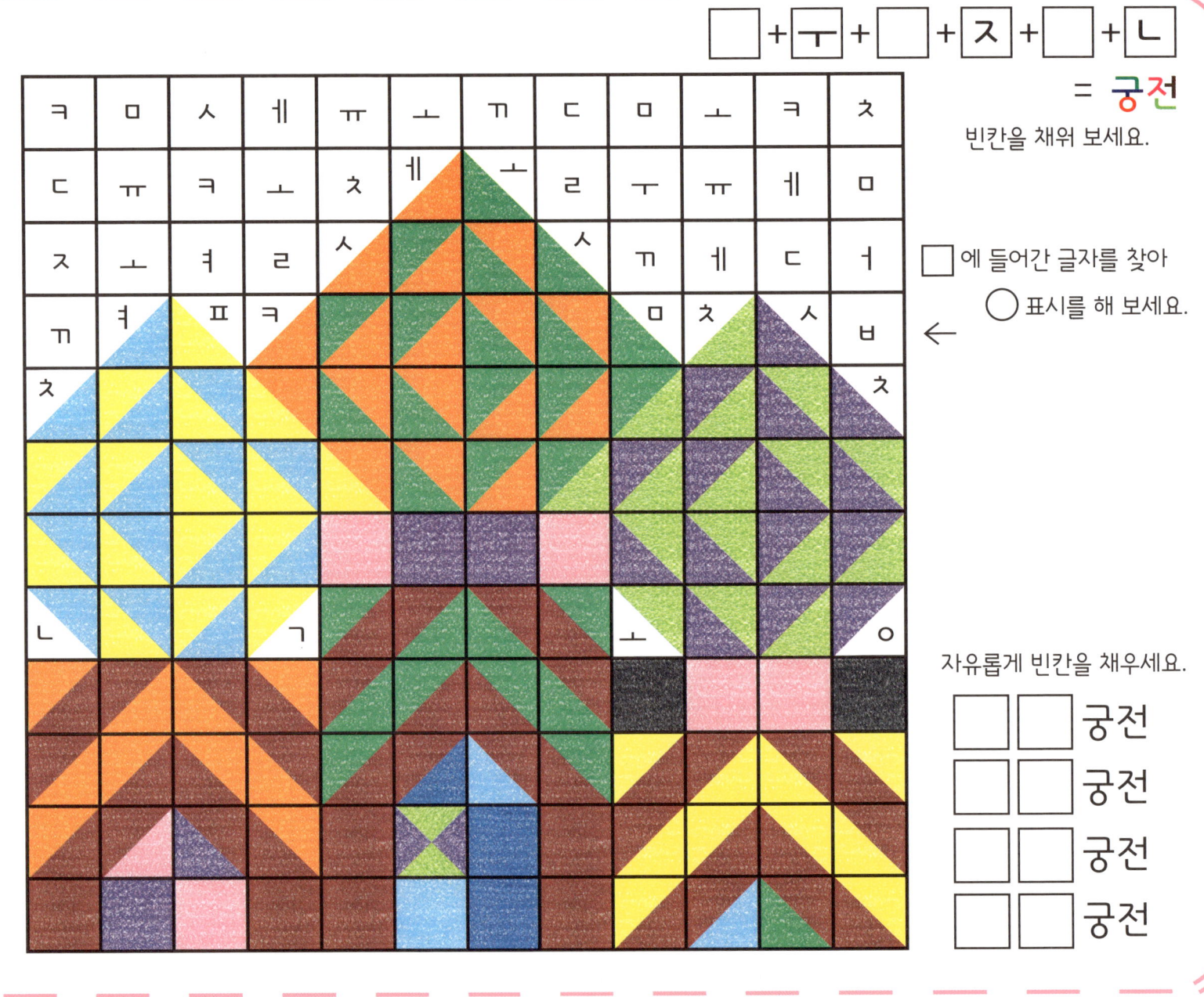

"궁전"을 스티커 페이지에서 찾아 붙입니다.

날짜:

빠진 곳 찾아 스티커 붙이기(4개)

그림 따라 색칠하고 글씨 쓰기

스티커 페이지에 있는 스티커를 활용합니다.

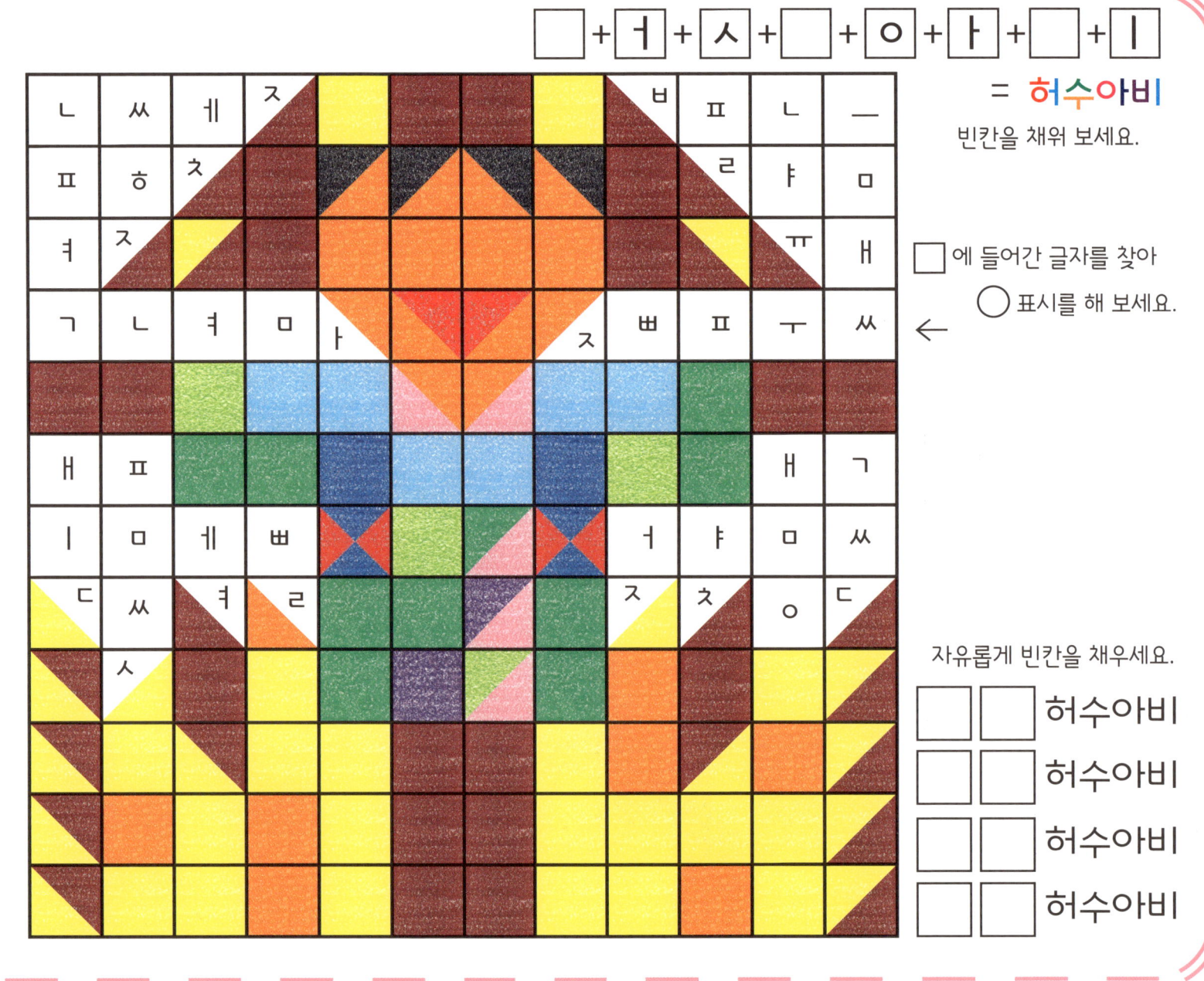

"허수아비"를 스티커 페이지에서 찾아 붙입니다.

빠진 곳 찾아 스티커 붙이기(4개)

그림 따라 색칠하고 글씨 쓰기

날짜:

스티커 페이지에 있는 스티커를 활용합니다.

☐+ㅗ+☐+ㅅ+ㅏ+☐

= 화산

빈칸을 채워 보세요.

☐ 에 들어간 글자를 찾아 ○ 표시를 해 보세요.

자유롭게 빈칸을 채우세요.

☐☐ 화산
☐☐ 화산
☐☐ 화산
☐☐ 화산

다

28일째

ㅁ		ㅜ		ㄱ	ㄹ			ㅁ	ㅓ		ㄹ
ㅓ	ㅠ	ㅇ			ㅓ	ㅏ	ㄷ		ㄱ	ㅊ	ㅛ
ㄹ		ㅂ	ㄴ	ㅁ		ㅇ	ㅈ	ㅂ	ㅜ		ㅓ
ㄱ	ㄷ									ㅍ	ㄷ
ㅅ	ㅈ									ㅇ	ㅏ
ㅛ	ㅜ	ㅊ								ㅈ	ㅠ	ㄹ
ㄹ	ㄷ	ㅇ								ㅜ	ㅁ	ㅎ
ㄱ	ㅓ										ㄹ	ㅂ
ㅓ												ㅛ

"화산"을 스티커 페이지에서 찾아 붙입니다.

날짜:

빠진 곳 찾아 스티커 붙이기(4개)

그림 따라 색칠하고 글씨 쓰기

스티커 페이지에 있는 스티커를 활용합니다.

색깔 바꿔 그림 완성하기
(파란색→연두색/주황색→노란색)

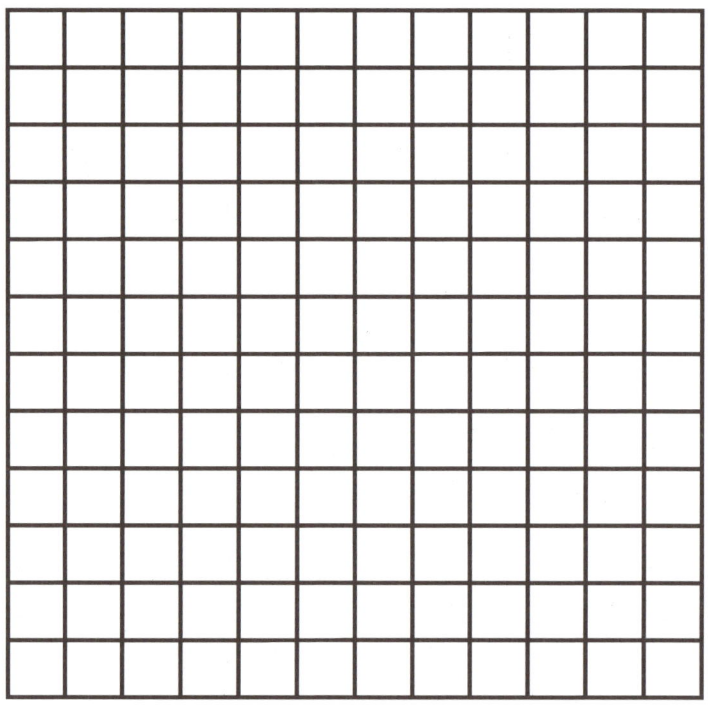

색깔 바꿔 그림 완성하기
(주황색→연두색/노란색→초록색)

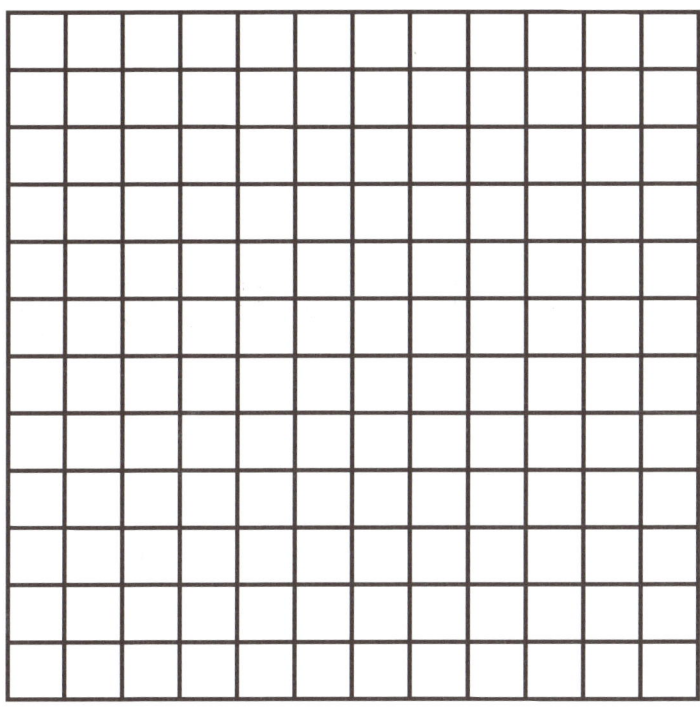

짝짝짝! 30일 활동을 마쳤군요~ 이제 3단계로 넘어가 보아요~

*정답

가단계 1일
가단계 2일
가단계 3일
가단계 4일
가단계 5일
가단계 6일
가단계 7일
가단계 8일
가단계 9일
가단계 10일
나단계 11일
나단계 12일
나단계 13일
나단계 14일
나단계 15일

해당 글자를 찾아 보세요~^^

공작새	사각연	궁전	음자리표	화산	허수아비	색연필	황소
다람쥐	국기	달맞이꽃	어항	소녀	눈결정	아이스크림	열기구
헬리콥터	태극기	젠가	케이크	바람개비	스노보드	회전목마	할로윈

최정금 소장의 초등집중력 높이기 30일 초등1~6학년 2단계

10칸 × 10칸

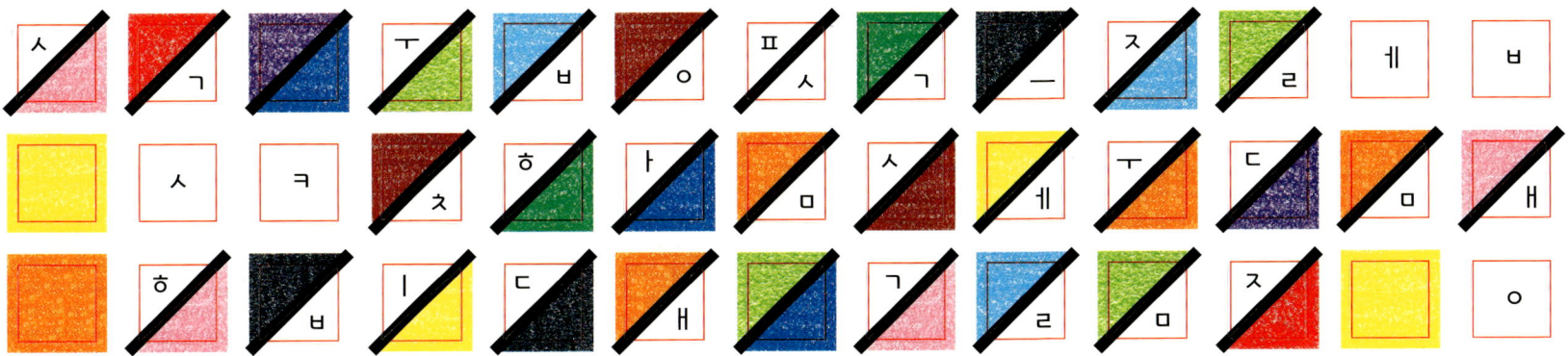

12칸 × 12칸

최정금 소장의 초등집중력 높이기 30일 1~6학년 2단계